D0933546

Índice

Rourke
Educational Media
rourkeeducationalmedia.com

¿Puedes encontrar estas palabras?

cráneo

dinosaurio

fósiles

mido

¡Desentierro dinosaurios!

Soy una paleontóloga.

Busco huesos de **dinosaurio.**

dinosaurio

fósiles

Los huesos se llaman **fósiles**.

Cuando encuentro huesos,
¡los desentierro!

Mi pala hace *clac.*
Mi martillo hace *toc.*

¡Mira! Es el hueso de una pata.

¡También hay un **cráneo** gigante!

cráneo

9

Mido.
Dibujo.

medir

Tomo fotos.

Estudiar huesos de dinosaurios
es un GRAN trabajo.

¡Y es el trabajo perfecto para mí!

¿Encontraste estas palabras?

¡También hay un **cráneo** gigante!

Busco huesos de **dinosaurio**.

Los huesos se llaman **fósiles**.

Mido.

Glosario fotográfico:

 **cráneo:** la estructura de hueso de la cabeza que protege al cerebro.

 **dinosaurio:** un reptil grande que vivió en tiempos prehistóricos.

 **fósiles:** huesos o caparazones de animales que vivieron hace millones de años.

 **medir:** averiguar el peso o el tamaño de algo.

Índice analítico

Sobre la autora

Katy Duffield es una autora que vive en Florida. Tiene un esposo y un perro. Pero no tiene dinosaurios. Si pudiera tener un dinosaurio, quisiera un triceratops.

© 2019 Rourke Educational Media

www.rourkeeducationalmedia.com

PHOTO CREDITS: Cover ©DavidHCoder, Page 3 ©benedek, Page 2,4,14,15 ©JonathanLesage, Page 2,5,14,15,©Snowshill, Page 6 ©tacojim, Page 7 ©Jim Gibson / Alamy Stock Photo, Page 8 ©Mistercheezit, Page 2,9,14,15 ©BertBeekmans, Page 2,10,14,15 ©microgen, Page 11©wanderluster, Page 12 ©PhotoScape, Page 13 ©Peter Casolino / Alamy Stock Photo

Edición: Keli Sipperley
Diseño de la tapa e interior: Kathy Walsh
Traducción: Santiago Ochoa
Edición en español: Base Tres

Library of Congress PCN Data
¡Desentierro dinosaurios! / Katy Duffield
(Descubrámoslo)
ISBN (hard cover - spanish)(alk. paper) 978-1-64156-916-3
ISBN (soft cover - spanish) 978-1-64156-940-8
ISBN (e-Book - spanish) 978-1-64156-964-4
ISBN (hard cover - english)(alk. paper) 978-1-64156-192-1
ISBN (soft cover - english) 978-1-64156-248-5
ISBN (e-Book - english) 978-1-64156-298-0
Library of Congress Control Number: 2018955937

Printed in the United States of America, North Mankato, Minnesota